teaux de nos grands-mères * Gratin[...]
olenta * Savoureux plats uniques
* Nos délicieux farcis * Crêpes gourmandes,
* Cailles, canards et volailles fermières * Foies
e * Desserts gourmands aux fruits du verger *
Clafoutis, riz au lait et desserts d'antan * Saint-
* Charcuteries de nos campagnes * Les meilleures
omager * Les saveurs authentiques du maraîcher
lantes, baies et fruits sauvages * Cèpes, morilles
Nos salades gourmandes * Mises en bouche
upes légères * Délices exotiques des Antilles

Les gâteaux
de nos grands-mères

PAUL BOCUSE
présente

LA BONNE CUISINE DE NOS TERROIRS

Les gâteaux
de nos grands-mères

Glénat

Dans cette collection, je vous invite à faire un voyage gastronomique à travers notre pays, et le parcours ne manque pas de sel...

Ces carnets de cuisine nous permettent de découvrir ou de redécouvrir les grands classiques de la cuisine française qui ont rendu célèbre leur lieu d'origine. Ils proposent une approche simplifiée des recettes, sans pour autant sacrifier leur caractère traditionnel.

Illustrés par de belles aquarelles en couleurs, ces recueils de recettes nous convient à un cours de cuisine tout autant qu'à la rencontre des traditions culinaires des régions de France. Chaque région, de la Bretagne à la Provence, du Périgord à l'Alsace, est en effet le reflet fidèle d'influences diverses qui se retrouvent dans sa cuisine.

La France demeure un vaste garde-manger où chaque région possède ses spécialités. Elle a le souci de préserver le goût juste à travers ses produits de terroir. Ainsi que j'ai coutume de le dire, il est important d'être intransigeant sur le choix des ingrédients, en veillant à leur qualité et à leur extrême fraîcheur si l'on veut obtenir un plat sain et savoureux.

Cette cuisine régionale permettra à beaucoup de retrouver leurs racines et de visiter les petits paradis du « bien manger ». Rendez-vous avec la « cuisine vraie », celle qui reste hors des modes et respecte l'identité de chaque terroir.
Ne dit-on pas que pour bien aimer un pays, il faut le boire et le manger ?
Alors passons à table sans tarder.
Je vous souhaite un bon appétit !

Paul Bocuse

Histoire des desserts

Dans un tiroir ou sur l'étagère d'une cuisine, on découvre parfois l'un de ces vieux cahiers dont les pages jaunies et tachées abritent des trésors de recettes de quelque grand-mère adorée. Leur origine est incertaine, mais les feuilles abîmées, précautionneusement tournées, nous entraînent dans le passé pour un voyage doux et sucré. On redevient enfant…

Toutes ces recettes ont une histoire à nous raconter. Elles partagent aussi des ancêtres communs : les premiers gâteaux font leur apparition en Égypte et en Grèce, dès la plus haute Antiquité. Souvent associés à des rites religieux, ils sont composés de farine, de graines, de fruits secs, d'épices et de miel, qui remplace le sucre, alors inconnu.

En France, il faut attendre le XIVe siècle pour trouver, dans les rues de Paris, des vendeurs ambulants de gaufres fines très réputées. Quelques « pastés » de poires sont aussi fabriqués par des pâtissiers. Mais les desserts restent rares, notamment en raison du prix élevé du sucre, ramené des pays arabes en Europe par les Croisés.

À la Renaissance, le sucre supplante le miel, mais il demeure cher et la pâtisserie est réservée à l'élite sociale. Conséquence inattendue de la Révolution française, les pâtissiers perdent leurs employeurs. Ils ouvrent alors boutique dans les rues. Le prix du sucre baisse. La douceur se démocratise. Au début du XXe siècle, la pâtisserie française se modernise et développe une dimension plus artistique. Elle s'adapte aux demandes de l'époque, s'affine et acquiert une renommée désormais internationale…

Le quatre-quarts

Ou comment vous réconcilier avec les fractions…
Un grand classique, simple à réaliser et idéal au moment du goûter, avec une confiture de fruits rouges…
Le titre de ce gâteau porte en lui les proportions de ses ingrédients, à savoir la même quantité de beurre, d'œufs, de sucre et de farine…

Préparation : 25 minutes
Cuisson : 45 minutes

Pour 8 personnes

- ✓ 200 g de beurre
- ✓ 200 g de sucre en poudre
- ✓ 3 œufs
- ✓ 200 g de farine
- ✓ 1 sachet de levure
- ✓ 1 pincée de sel

- Préchauffer le four à 180 °C.
- Ramollir le beurre et le battre en pommade avec le sucre.
- Ajouter les jaunes d'œufs et mélanger à la cuillère en bois (réserver les blancs).
- Ajouter progressivement la farine puis la levure.
- Battre les blancs en neige avec une pincée de sel et les incorporer précautionneusement à la pâte.
- Verser la préparation dans un moule à manqué (diamètre 20 cm) beurré et faire cuire au four pendant 45 minutes (vérifier la cuisson au couteau).

Suggestion : on peut aussi ajouter le jus d'un citron, des zestes de citron ou d'orange (non traités) dans la pâte avant de la faire cuire.

MON CONSEIL

On peut ajouter un sachet de levure pour rendre le gâteau plus aéré et moelleux.

Gâteau aux prunes

Nord-Pas-de-Calais

Qui sait si la prune de taureau ou la passe-velours (que certains n'ont pas hésité à appeler la prune de Monsieur !) sont également de la région de Damas, comme celles que nos ancêtres ont importées des Croisades. Nombreuses en tous cas sont les variétés de prunes qui peuvent entrer dans la confection de ce délicieux gâteau.

Préparation : 20 minutes
Cuisson : 35 minutes

Pour 6 personnes

- ✓ 500 g de prunes
- ✓ 120 g de farine
- ✓ 90 g de sucre en poudre
- ✓ 4 cl de lait
- ✓ 4 cl d'huile
- ✓ 3 œufs
- ✓ 1 cuillère à café de levure sèche
- ✓ 80 g de beurre

- Laver, dénoyauter et couper en deux les prunes.
- Dans une terrine, mélanger la farine, 60 g de sucre, la levure, le lait, l'huile et 2 œufs battus.
- Mettre dans une tourtière assez haute.
- Garnir avec les fruits, côté bombé vers le haut, sans les enfoncer, en les serrant bien.
- Enfourner 20 minutes à 180 °C.
- Pendant ce temps, faire fondre 80 g de beurre.
- Ajouter 30 g de sucre et un œuf battu.
- Couvrir le gâteau de ce mélange.
- Remettre au four et faire cuire de nouveau pendant 15 minutes environ.

Gâteau charentais

Ce gâteau traditionnel des Charentes se déguste en sirotant un petit verre de pineau.

Préparation : 15 minutes
Cuisson : 25 Minutes

Pour 4 personnes

- ✓ 4 œufs
- ✓ 200 g de farine
- ✓ 150 g de sucre
- ✓ 100 g d'amandes en poudre
- ✓ 1 pincée de sel
- ✓ Sucre glace

- Séparer le blanc des jaunes d'œufs.
- Fouetter les jaunes et le sucre jusqu'à ce que le mélange blanchisse et mousse. Ajouter la farine, puis les amandes.
- Saler les blancs et les battre en neige ferme. Les incorporer délicatement à la préparation.
- Beurrer et fariner un moule à manqué. Y verser le mélange et mettre au four 20 à 25 minutes à 180 °C.
- Saupoudrer de sucre glace à la sortie du four.

Le millas* girondin

Milloque en Charente, mias en Languedoc, millasson ou millassou, toutes ces appellations proposent le même gâteau moelleux à base de farine de maïs. Mais, dans tous les cas, la dégustation est un moment magique.*

Préparation : 15 minutes
Cuisson : 45 minutes

Pour 6 personnes

- ✓ 5 cuillères à soupe de farine de maïs (à défaut, on peut utiliser de la polenta)
- ✓ 2 cuillères à soupe de sucre de canne
- ✓ 4 cuillères à soupe de miel d'acacias
- ✓ 75 cl de lait
- ✓ 5 œufs
- ✓ 20 g de beurre
- ✓ 1 pincée de sel
- ✓ Pour agrémenter l'ensemble, un ajout d'une goutte de fleur d'oranger ou d'armagnac suffira

- Verser la farine dans un saladier. Ménager un petit cratère au milieu. Faire chauffer le lait sans le faire bouillir. Le verser frémissant dans le puits tout en tournant à l'aide d'un fouet pour mélanger le lait à la farine et éviter les grumeaux.
- Préchauffer le four à 210 °C.
- Casser les œufs et séparer le blanc du jaune. Ajouter les jaunes, le miel, le sucre de canne et la fleur d'oranger (ou l'armagnac) à la pâte.
- Battre les blancs en neige avec la pincée de sel jusqu'à ce qu'ils soient fermes. Incorporer les blancs à la pâte avec précaution à l'aide d'une cuillère en bois.
- Beurrer un moule à manqué, y verser la pâte ainsi obtenue. Introduire le moule dans le four pour 30 à 40 minutes de cuisson.
- Déguster tiède de préférence.

* voir lexique en fin d'ouvrage

Le gâteau périgourdin

De nombreuses régions revendiquent le titre de fief de la noix. En Périgord, on met en avant, à juste titre, quelques spécialités bien reconnues et les noix pourraient en faire partie. Leur production y est en effet abondante et elles sont la base de nombreux desserts et de savoureux gâteaux.

Préparation : 45 minutes
Cuisson : 30 minutes

Pour 6 à 8 personnes

- ✓ 9 gros œufs
- ✓ 300 g de sucre semoule
- ✓ 150 g de cerneaux de noix
- ✓ 75 g de farine
- ✓ 250 g de beurre
- ✓ 2 cuillères à soupe de cacao

- Battre 6 jaunes d'œufs avec 150 g de sucre, le mélange doit blanchir.
- Réserver 25 g de noix pour le décor et hacher les 125 g restants.
- Les ajouter, ainsi que la farine, à la première préparation. Bien travailler à la cuillère en bois.
- Monter les 6 blancs d'œufs en neige ferme et les incorporer très délicatement.
- Beurrer un moule à génoise, verser la pâte et cuire 30 minutes à 180 °C. Laisser refroidir.
- Faire une crème en mélangeant dans une casserole 150 g de sucre et 3 œufs.
- À feu très doux, faire chauffer en remuant. Ce mélange doit être lisse.
- Dans un saladier, bien travailler le beurre pour le ramollir à l'aide d'une fourchette.
- Incorporer le mélange sucre-œufs et ajouter le cacao. Bien mélanger.
- Couper le gâteau en deux disques.
- Étaler une couche de crème sur le premier, poser l'autre par-dessus et finir d'étaler la crème, sans oublier les côtés.
- Parsemer des noix réservées hachées. Disposer au centre quelques cerneaux et tenir au frais jusqu'au moment de servir.

Gâteau aux marrons du Forez

Pour les doigts délicats, l'étape la plus difficile sera l'épluchage des marrons chauds… Pour les palais délicats, la difficulté sera d'être raisonnable et point trop gourmand !

Préparation : 45 minutes
Cuisson : 40 minutes

Pour 4 personnes

- ✓ 750 g de marrons du Forez
- ✓ 3 gros œufs
- ✓ 1 branche de céleri
- ✓ 125 g de sucre en poudre
- ✓ 1 sachet de sucre vanillé
- ✓ 125 g de beurre
- ✓ 1 clou de girofle
- ✓ Sel

- Fendre l'écorce des marrons avec un couteau bien aiguisé et les éplucher.
- Mettre à feu doux dans une casserole d'eau froide.
- Laisser frémir afin que la seconde peau se décolle.
- Enlever soigneusement cette peau et remettre les marrons dans une casserole avec le céleri et le clou de girofle.
- Recouvrir d'eau chaude.
- Laisser mijoter tout doucement pendant 10 minutes.
- Égoutter les marrons, ôter céleri et girofle.
- Bien mixer les marrons, ajouter le sucre vanillé et le sucre en poudre.
- Incorporer le beurre peu à peu, puis les jaunes d'œufs un à un.
- Monter les blancs d'œufs en neige ferme avec une pincée de sel.
- Mélanger délicatement à la première préparation.
- Verser dans un moule à charlotte beurré.
- Cuire à 160 °C pendant 40 minutes.
- Placer le moule au frais.

Une fois bien refroidi, démouler et servir avec une crème au chocolat ou une crème anglaise.

Strudel aux pommes

En Alsace, ou ailleurs, ce gâteau d'origine autrichienne, libère tous ses arômes quand il est servi tiède.

Préparation : 40 minutes
Repos : 2 heures
Cuisson : 30 minutes

Pour 8 personnes

La pâte
- ✓ 300 g de farine
- ✓ 1 jaune d'œuf
- ✓ 1/8 de litre d'eau tiède
- ✓ 3 cuillères à soupe d'huile
- ✓ 1 cuillère à café de sel

La garniture
- ✓ 800 g de pommes
- ✓ 100 g de raisins secs trempés dans du kirsch*
- ✓ 100 g de sucre
- ✓ 100 g de noix hachées
- ✓ 2 cuillères à café de cannelle
- ✓ 50 g de chapelure
- ✓ 150 g de beurre fondu

- Délayer le jaune d'œuf et le sel dans l'eau.
- Verser la farine dans un récipient. Faire un puits. Ajouter l'huile et le mélange à l'œuf.
- Travailler la pâte sur un plan fariné pour former une boule. La pâte ne doit pas coller.
- La couvrir et la laisser reposer pendant 2 heures.
- Éplucher et couper les pommes en dés. Mettre 100 g de beurre fondu dans la poêle et les faire dorer. Ajouter les autres ingrédients de la garniture. Faire dorer pendant 15 minutes.
- Poser la pâte sur un torchon fariné et l'étirer avec les doigts. Elle doit être très fine, transparente. Former un grand rectangle.
- Enduire la pâte avec 25 g de beurre fondu.
- Étaler la farce sur la pâte en laissant un bord de 3 cm tout autour.
- Enrouler la pâte dans le sens de la longueur en soulevant le torchon.
- Déposer le strudel sur la plaque du four recouverte de papier sulfurisé.
- Badigeonner le dessus avec le reste de beurre fondu.
- Enfourner et laisser cuire à 200 °C pendant 30 minutes.

MON CONSEIL

Pour vous faciliter la tâche, vous pouvez utiliser de la pâte « filo » qu'emploient les Autrichiens et les Germaniques créateurs de ce dessert.

** voir lexique en fin d'ouvrage*

La charlotte aux fraises en pas à pas

Les ingrédients

Biscuits à la cuillère

Fraises

Sucre

Citrons

Petits-suisses

Crème fraîche

Comment faire la charlotte aux fraises

1 - Préparer le sirop en faisant fondre 3 cuillères à soupe de sucre et le jus des citrons.

2 - Nettoyer les fraises et les équeuter.

3 - Mélanger les petits-suisses avec la crème fraîche et le sucre.

4 - Tapisser fond et bords du moule à charlotte avec les biscuits à la cuillère imbibés de sirop côté plat.

5 - Garnir le fond avec la moitié de la crème. Ajouter les fraises et recouvrir de crème.

6 - Terminer par une couche de biscuits. Couvrir et laisser reposer une nuit au frais.

La charlotte aux fraises

Lorsqu'Antonin Carême, cuisinier de Talleyrand, donna aux biscuits à la cuillère leur forme actuelle, il ne s'arrêta pas en si bon chemin et utilisa ce biscuit pour créer la « charlotte à la parisienne »… Son nom est un hommage à la reine Charlotte d'Angleterre. Dans la recette qui suit, la traditionnelle crème fraîche a été remplacée par des petits-suisses, rendant ainsi cet entremets plus digeste…

Préparation : 30 minutes
Repos : 1 nuit

Pour 8 personnes

- ✓ **4 citrons**
- ✓ **3 cuillères à soupe de sucre en poudre**
- ✓ **500 g de fraises**
- ✓ **360 g de petits suisses (6 x 60 g)**
- ✓ **75 cl de crème fraîche épaisse**
- ✓ **100 g de sucre en poudre**
- ✓ **40 boudoirs ou biscuits à la cuillère**

- Préparer un sirop en faisant chauffer légèrement le jus des citrons avec le sucre. Laisser refroidir.
- Préparer les fraises en les nettoyant sous l'eau puis en les équeutant. Réserver.
- Dans un saladier, mélanger les petits-suisses avec la crème fraîche et le sucre.
- Tapisser le fond et les bords d'un moule à charlotte avec les biscuits à la cuillère trempés rapidement dans le sirop (mettre le côté sucré contre la paroi du moule).
- Garnir le fond avec la moitié de la crème. Ajouter la totalité des fraises et recouvrir avec la crème. Terminer par une couche de biscuits trempés dans le sirop.
- Couvrir et laisser reposer une nuit au frais.
- Démouler le lendemain (on peut faciliter cette opération en trempant le moule dans l'eau chaude) et déguster accompagné d'un coulis de fruits rouges.

Crumble aux figues

Provence-Côte d'Azur

Le mélange de farine et de poudre d'amande donne au crumble un côté biscuité et croustillant qui convient à toutes sortes de fruits (abricots, myrtilles, prunes…).

Préparation : 15 minutes
Cuisson : 30 minutes

Pour 4 personnes

- ✓ 750 g de figues
- ✓ 75 g de poudre d'amande
- ✓ 75 g de farine
- ✓ 100 g de beurre
- ✓ 50 g de sucre
- ✓ Sel

- Préchauffer le four à 180° C.
- Laver les figues, les éplucher si la peau est trop épaisse, et les couper en 2.
- Beurrer un plat allant au four. Disposer les figues dedans, bien serrées. Saupoudrer d'un peu de sucre.
- Dans une petite terrine, mélanger la farine, la poudre d'amande, le reste du sucre et 1 pincée de sel. Ajouter le beurre coupé en morceaux. L'écraser du bout des doigts, en l'amalgamant à la farine et la poudre d'amande, jusqu'à obtenir une consistance grumeleuse, proche d'un sable grossier.
- Verser cette préparation sur les figues. Faire cuire au four 30 minutes : le crumble doit être bien doré.

Vous pouvez ajouter quelques cerneaux de noix qui s'accorderont parfaitement à la figue.

Le gâteau au yaourt

Toutes régions

Simplissime, ce gâteau qui a traversé le temps sans perdre de son succès… ! Ses proportions, volontairement données en « pots de yaourt », en facilitent la réalisation par des enfants (sous la surveillance d'un adulte).

Préparation : 10 minutes
Cuisson : 30 à 40 minutes

Pour 6 personnes

- ✓ 1 yaourt nature (dont le pot servira ensuite de mesure)
- ✓ 2 pots de sucre
- ✓ 3 pots de farine
- ✓ 3/4 de pot d'huile
- ✓ 1 cuillère à soupe de crème liquide
- ✓ 2 œufs
- ✓ 1 paquet de levure chimique

- Mettre le four à chauffer à 180 °C.
- C'est facile ! On mélange tous les ingrédients, on verse la préparation dans un moule beurré et on met au four pendant 30 à 40 minutes.

Le gâteau aux châtaignes

On l'appelle aussi limousin. Peu diététique, ce gâteau sera consommé en petite quantité. Il enchantera vos après-midi d'automne quand la pluie tombe dehors, accompagné d'une crème à la vanille et d'une tasse de thé aux agrumes. Et il sera encore meilleur le lendemain…

Préparation : 10 minutes
Cuisson : 1 h 15

Pour 8 personnes

- ✓ 100 g de beurre
- ✓ 500 g de châtaignes (déjà cuites)
- ✓ 100 g de sucre
- ✓ 2 œufs
- ✓ 1 pincée de sel
- ✓ 2 cuillères à café d'extrait liquide de vanille

- Préchauffer le four à 180 °C.
- Faire fondre le beurre à feu doux.
- Dans un saladier, mélanger tous les ingrédients puis les mixer.
- Verser la préparation dans un moule à cake, ou dans un moule à manqué beurré et faire cuire au bain-marie pendant 1 h 15 environ (vérifier la cuisson).
- Laisser refroidir avant de démouler.

À servir avec une crème Chantilly ou une crème pâtissière mousseuse.

Le gâteau aux pommes de Salins-les-Bains

Délicieux, mais il faut s'y prendre à l'avance pour laisser à la pâte le temps de lever.

Préparation : 30 minutes
Trempage : 3 à 4 heures
Cuisson : 30 minutes

Pour 6 à 8 personnes

- ✓ 300 g de farine
- ✓ 150 g de beurre ramolli à température ambiante
- ✓ 1 œuf
- ✓ 200 g de sucre
- ✓ 1 sachet de levure
- ✓ 1 citron
- ✓ 100 g de noisettes concassées
- ✓ 3 pommes
- ✓ 100 g de raisins secs
- ✓ 100 g de fruits confits hachés
- ✓ 4 cuillères à soupe de rhum
- ✓ 1 cuillère à soupe de crème fraîche épaisse
- ✓ 2 cuillères à soupe de lait

- Faire tremper les raisins dans le rhum chauffé, pendant 3 heures.
- Mélanger la farine, le beurre, l'œuf, le sucre, la levure et le zeste d'un demi-citron.
- Bien travailler la pâte et la laisser reposer 3 à 4 heures à température ambiante.
- Faire flamber le mélange rhum-raisins après l'avoir chauffé et retiré du feu.
- Mélanger dans une terrine les raisins secs, les fruits confits, le zeste de l'autre demi-citron, les pommes épluchées et coupées en tranches fines, les noisettes concassées et 4 cuillères à soupe de sucre en poudre.
- Dans un moule à tarte beurré et fariné, mettre la moitié de la pâte étalée au rouleau. Y verser le mélange de fruits. Recouvrir avec l'autre moitié de pâte étalée.
- Souder les bords avec les doigts.
- Badigeonner légèrement le dessus avec un mélange lait-crème.
- Cuire à 190 °C au moins 30 minutes. Le gâteau doit avoir levé et être bien doré.

Gâteau lorrain aux mirabelles

15 000 tonnes de mirabelles sont récoltées en Lorraine chaque année à la fin de l'été. C'est dire si ce fruit est emblématique de la région. Ce « gâteau maison » par excellence accompagne depuis des générations les goûters, les fins de repas ou l'heure du thé. Hors saison, on peut le réaliser avec des fruits au sirop.

Préparation : 15 minutes
Cuisson : 1 heure

Pour 6 personnes

- ✓ 400 g de mirabelles
- ✓ 4 œufs
- ✓ 150 g de sucre
- ✓ 80 g de beurre
- ✓ 100 g de fromage blanc
- ✓ 200 g de farine
- ✓ 1 sachet de levure chimique
- ✓ 1 pincée de sel

- Casser les œufs en séparant les blancs des jaunes.
- Dans une grande terrine, travailler les jaunes et le sucre en poudre jusqu'à ce que le mélange blanchisse.
- Ajouter le beurre fondu et le fromage blanc. Bien travailler jusqu'à ce mélange forme une crème fluide.
- Incorporer la farine ainsi que la levure jusqu'à obtention d'une pâte très lisse.
- Battre les blancs en neige ferme avec une pincée de sel et les incorporer délicatement à la préparation en soulevant le mélange.
- Préchauffer le four à 180 °C. Beurrer un moule à manqué et y verser la pâte.
- Laver et égoutter les mirabelles. Les couper en deux et ôter les noyaux. Intégrer les fruits au gâteau sans trop les enfoncer.
- Enfourner et faire cuire 1 heure à 170 °C.
- Servir tiède ou froid.

Gâteau breton

Très riche en beurre, ce gâteau rond est incontournable. Il accompagne avec bonheur une salade de fraises ou autres fruits, une compote ou une crème anglaise.

Préparation : 20 minutes
Cuisson : 40 à 45 minutes

Pour 6 à 8 personnes

- ✓ 300 g de farine de froment
- ✓ 5 jaunes d'œufs
- ✓ 250 g de beurre doux (ou demi-sel)
- ✓ 200 g de sucre semoule
- ✓ 1 pincée de levure
- ✓ 5 cuillères à soupe de lait
- ✓ 1 cuillère à soupe de calvados (facultatif)

- Beurrer un moule à génoise rond de 22 cm de diamètre. Refroidir.
- Dans un grand saladier, verser le sucre semoule et les jaunes d'œufs.
- Travailler au fouet à main, le mélange doit « faire le ruban ».
- Dans une petite terrine, travailler le beurre en pommade à la cuillère en bois.

MON CONSEIL

Ce gâteau à l'avantage de pouvoir se conserver longtemps si l'on n'est pas trop gourmand !

- L'incorporer au mélange sucre-jaunes d'œufs.
- Éventuellement, ajouter le calvados.
- Enfin, verser petit à petit la farine sans cesser de bien mélanger.
- Au dernier moment, ajouter la levure, mélanger encore.
- Verser la pâte dans le moule, bien lisser le dessus à la spatule.
- Le badigeonner de lait sucré.
- Tracer des lignes diagonales en croisillon avec une fourchette.
- Cuire à four moyen (180 °C) 40 minutes environ (vérifier la cuisson avec la lame d'un couteau pointu).
- Dès la sortie du four, démouler sur une grille et laisser refroidir.

Le miel

Longtemps le miel a été le seul édulcorant connu des hommes. Élaboré par les abeilles à partir du nectar aspiré dans les fleurs, ses propriétés et son goût dépendent des fleurs ou des arbres mellifères que les abeilles sont allées visiter. Le miel de lavande est ainsi connu pour son parfum intense, son goût puissant. Bien plus doux, le miel d'acacia est fort apprécié des pâtissiers qui ne veulent pas dénaturer leur recette, alors que le miel de châtaignier, très corsé, développe des saveurs boisées.

Comment choisir son miel ?
Il faut d'abord se souvenir qu'un miel de qualité est un produit naturel, non-pasteurisé, qui cristallise avec le temps (sauf certains miels très particuliers, comme l'acacia). Évitez les miels industriels, souvent liquides et translucides : chauffés à plus de 40°C, ils ne contiennent plus que du sucre. Préférez-leur des miels de producteurs bios, garantis sans produits chimiques, sans pesticides de synthèse ni antibiotiques autres que naturels…

Gâteau au miel de sarrasin

Le sarrasin, que les Bretons appellent le « blé noir », ne fait pas que le régal des amateurs de galettes. Il est aussi prisé des abeilles qui butinent ses fleurs pour faire un miel parfumé, assez sombre, traditionnellement utilisé pour fabriquer le pain d'épices.

Préparation : 10 minutes
Cuisson : 40 à 45 minutes

Pour 6 à 8 personnes

- ✓ 300 g de farine de froment
- ✓ 3 ou 4 œufs
- ✓ 200 g de beurre demi-sel
- ✓ 200 g de miel de sarrasin
- ✓ 1/2 sachet de levure

- Mélanger les œufs, le beurre fondu et le miel au fouet à main dans un grand saladier.
- Ajouter la farine, bien mélanger.
- Au moment d'enfourner, ajouter la levure et mélanger encore.
- Beurrer et fariner un moule à cake.
- Verser la pâte et cuire au four 40 à 45 minutes (180 °C).
- Bien laisser refroidir avant de démouler.

Le gâteau au miel, fruits secs et confits

La composition de ce gâteau se rapproche des premiers gâteaux rituels préparés dans l'Antiquité… La recette qui suit est simple à faire et son résultat délicieux. À déguster loin d'un repas, accompagné d'un thé, au retour d'une balade par exemple…

Préparation : 30 minutes
Cuisson : 45 minutes

Pour 8 personnes

- ✓ 125 g de miel
- ✓ 40 g de sucre en poudre
- ✓ 1 citron
- ✓ 125 g de farine (complète bienvenue)
- ✓ 50 g de chocolat noir
- ✓ 1 pincée de sel
- ✓ 50 g de beurre
- ✓ 60 g de poudre d'amandes
- ✓ 50 g de raisins de Corinthe
- ✓ 50 g de zestes d'orange confite
- ✓ 50 g de pignons

- Préchauffer le four à 180 °C.
- Dans une casserole, faire fondre à feu doux le miel avec le sucre, le jus du citron et 4 cuillères à soupe d'eau.
- Dans un saladier, mettre la farine et lui incorporer le miel citronné.
- Faire fondre le chocolat, au bain-marie avec 2 cuillères à soupe d'eau. Lorsqu'il est fondu, ajouter une petite pincée de sel et le beurre en morceaux et remuer à la cuillère en bois jusqu'à obtenir une crème onctueuse.
- Incorporer ce chocolat à la pâte précédente.
- Ajouter la poudre d'amandes, les raisins, l'orange confite et les pignons et mélanger le tout à la cuillère en bois.
- Verser cette préparation dans un moule à tarte (diamètre 25 cm) généreusement beurré et faire cuire au four pendant 45 minutes.

Gâteau au miel, pignons et citron

Ce gâteau moelleux n'a pas été inventé par quelqu'antique grand-mère provençale, mais il en associe les ingrédients fétiches : le chèvre, le miel, le citron et les pignons.

Préparation : 15 minutes
Cuisson : 35 minutes

Pour 4 personnes

- ✓ 250 g de faisselle de brebis (ou de chèvre), bien égouttée
- ✓ 4 œufs
- ✓ 4 cuillères à soupe de miel de lavande
- ✓ 125 g de farine
- ✓ Le zeste de 2 citrons non traités
- ✓ 100 g de pignons
- ✓ 1 noix de beurre
- ✓ Sucre glace
- ✓ Sel

- Préchauffer le four à 170 °C.
- Dans une terrine, mélanger les jaunes d'œufs et le miel (que l'on aura fait fondre dans une petite casserole s'il est dur). Ajouter peu à peu le fromage de brebis, puis le zeste des citrons, la farine en pluie et les pignons.
- Battre les blancs en neige ferme avec une pincée de sel.
- Incorporer délicatement les blancs dans la pâte à gâteau.
- Beurrer un moule de 22 cm de diamètre. Y verser le mélange.
- Faire cuire le gâteau 35 minutes. Ne le sortir que lorsqu'il est bien doré.
- Servir tiède ou froid, parsemé de sucre glace et accompagné d'un coulis d'abricots.

Gâteau pommes-noix-cannelle

Préparation : 15 minutes
Cuisson : 1 h 30 à 2 heures

Pour 4 personnes

- ✓ 250 g de farine
- ✓ 3 œufs
- ✓ 250 g de sucre
- ✓ 1/2 verre de jus d'orange
- ✓ 1/2 verre d'huile
- ✓ 1/2 cuillère à soupe de levure chimique
- ✓ 1 cuillère à café de cannelle
- ✓ 2 grosses poignées de noix
- ✓ 4 pommes golden

- Dans le bol du robot, mélanger les œufs et le sucre. Verser petit à petit la farine, puis le jus d'orange et l'huile. Ajouter la levure, la cannelle et les noix.
- Peler les pommes et les couper grossièrement en cubes. Les ajouter à la préparation.
- Huiler un moule à manqué. Le chemiser d'une feuille de papier aluminium entièrement huilée elle aussi. Y verser le mélange.
- Mettre au four (160 °C) pendant 1 h 30 à 2 h : il faut que la pointe d'un couteau plantée dans le gâteau en ressorte sèche.

Gâteau nantais

Pays de la Loire

Voici un dessert qui rappelle que les ports de la région accueillaient les bateaux venus des îles… Les cargaisons de rhum des Antilles, de sucre de canne, d'amandes et autres ingrédients « exotiques » ont inspiré plus d'un pâtissier nantais !

Préparation : 15 minutes
Cuisson : 45 minutes

Pour 6 personnes

- ✓ 120 g de beurre demi-sel
- ✓ 125 g de sucre en poudre
- ✓ 200 g de sucre glace
- ✓ 100 g d'amandes en poudre
- ✓ 3 œufs
- ✓ 40 g de farine
- ✓ 4 cuillères à soupe de rhum

- Travailler énergiquement le beurre ramolli avec le sucre en poudre jusqu'à obtenir une pâte blanche mousseuse.
- Incorporer les amandes et mélanger.
- Ajouter les œufs préalablement battus en omelette puis, progressivement, la farine et 2 cuillères à soupe de rhum.
- Beurrer un moule à manqué allant au four. Verser la préparation et cuire à 180 °C pendant 45 minutes.
- Au sortir du four, mouiller le gâteau avec le reste du rhum.
- Laisser tiédir 10 minutes puis démouler sur une grille.
- Délayer le sucre glace avec un peu d'eau chaude pour obtenir un mélange couvrant.
- Napper le gâteau et laisser durcir ce glaçage avant de servir.

Le Grenoblois

Préparation : 20 minutes
Cuisson : 50 minutes

Pour 8 personnes

- ✓ 200 à 250 g de noix décortiquées
- ✓ 200 g de sucre en poudre
- ✓ 80 g de fécule ou de farine
- ✓ 80 g de beurre
- ✓ 1 cuillère à soupe de rhum
- ✓ 1 pincée de sel
- ✓ 1/2 paquet de levure
- ✓ 4 œufs

Le glaçage

- ✓ 150 g de sucre glace
- ✓ 2 cuillères à soupe de café très fort

- Mélanger les jaunes d'œufs et le sucre.
- Battre les blancs, avec le sel, en neige ferme et les incorporer au mélange précédent.
- Ajouter les noix hachées grossièrement, la farine et la levure, le beurre fondu, le rhum. Bien mélanger.
- Verser dans un moule à manqué beurré et fariné et faire cuire 50 minutes à 150 °C. Démouler sur une grille.
- Glaçage : délayer le sucre glace avec le café tiède, en napper le gâteau et décorer avec des cerneaux.

On peut servir le gâteau tel quel ou accompagné d'une crème anglaise.

Gâteau de Savoie

Sa réputation a depuis longtemps franchi les frontières savoyardes, car c'est un gâteau léger qui peut accompagner une salade de fruits ou une crème au chocolat, ou que l'on peut fourrer avec des fruits rouges, de la crème chantilly, ou encore avec de la crème au beurre.

Préparation : 10 minutes
Cuisson : 45 minutes

Pour 8 personnes

- ✓ 6 œufs
- ✓ 250 g de sucre en poudre
- ✓ 200 g de farine, ou 150 g + 50 g de fécule
- ✓ 1 zeste de citron râpé

- Séparer les blancs d'œufs des jaunes.
- Mélanger au batteur le sucre et les jaunes d'œufs, pour obtenir un mélange pâle et crémeux.
- Ajouter la farine, la fécule, le zeste de citron et les blancs battus en neige très ferme, avec délicatesse pour ne pas les faire tomber.
- Verser le mélange dans un moule à manqué bien beurré et fariné, et cuire 45 mn au four à 150 °C. Vérifier la cuisson avec la lame d'un couteau.

Astuce : pour obtenir des blancs en neige très fermes, ajouter aux blancs 1 ou 2 gouttes de vinaigre et une pincée de sel fin.

MON CONSEIL

Accompagne merveilleusement des fraises au sucre ou une crème anglaise.

Gâteau à la farine de châtaigne

Au XVIIe siècle, en Corse, la république génoise, pour éviter les disettes, favorise le développement de l'arboriculture dans l'île avec des « arguments convaincants » : chaque foyer sera tenu de planter jusqu'à 25 arbres par an, les récalcitrants se voyant contraints de payer une amende en cas de défaillance. Le châtaignier remportera, avec l'olivier, la palme de l'arbre le plus utile et le plus adapté au territoire.

Préparation : 10 minutes
Cuisson : 30 minutes

Pour 4 personnes

- ✓ 250 g de farine de châtaigne
- ✓ 200 g de sucre semoule
- ✓ 5 œufs
- ✓ 20 cl de crème fraîche liquide
- ✓ 1/2 verre d'huile d'arachide
- ✓ 1 sachet de levure

- Séparer le blanc et le jaune des œufs.
- Mélanger les jaunes d'œufs avec le sucre.
- Tamiser la farine.
- Ajouter la farine au mélange œufs et sucre ainsi que la levure.
- Délayer doucement avec la crème en ayant soin d'éviter la formation de grumeaux.
- Verser le 1/2 verre d'huile d'arachide et mélanger.
- Préchauffer le four à 200°C.
- Battre les blancs d'œufs en neige et les incorporer délicatement à l'appareil.
- Verser dans un moule à manqué beurré et fariné.
- Cuire 30 minutes à 200 °C.

Bras de Vénus

Grand classique de la cuisine catalane, ce biscuit roulé est tantôt fourré au chocolat, tantôt à la confiture. Son cousin, le bras de gitan, l'est à la crème pâtissière. La fille présumée de Zeus aurait-elle perdu ses membres supérieurs dans les bras d'un beau nomade ? Le mystère reste entier !

Préparation : 20 minutes
Cuisson : 5 à 6 minutes

Pour 6 personnes

- ✓ 4 œufs
- ✓ 135 g de sucre
- ✓ 125 g de farine
- ✓ 6 cuillères à soupe de confiture (ou toute autre garniture de votre choix)
- ✓ 20 cl d'eau
- ✓ 50 g de sucre glace

- Séparer les jaunes des blancs (que l'on réservera) et les mélanger avec 100 g de sucre.
- Travailler jusqu'à ce que le mélange blanchisse.
- Ajouter lentement la farine et bien mélanger.
- Monter les blancs en neige et, quand ils sont fermes, ajouter 20 g de sucre. Les mêler délicatement à la pâte.
- Préchauffer le four à 230 °C.
- Garnir une plaque à pâtisserie d'une feuille de papier sulfurisé. Verser la pâte à biscuit en une couche régulière de 5 mm et cuire à four chaud, 230 °C, pendant 5 à 6 minutes.
- Humidifier un linge, l'étaler sur la table de travail et le saupoudrer avec le sucre restant.
- Sortir le biscuit du four en le retournant immédiatement sur le linge. Le rouler à l'aide du linge.
- Au bout de quelques minutes, déplier le biscuit et le napper de confiture.
- Le rouler à nouveau et le décorer avec le sucre glace.

Le chocolat

À l'origine du chocolat, un arbre. Le cacaoyer pousse en altitude dans les forêts humides de l'Amérique tropicale. Son nom, cacahuaquchtl, signifie « arbre » en langue maya. L'arbre des dieux. Trois variétés de cacaoyers sont aujourd'hui cultivées : le criollo, le meilleur et le plus rare de tous, le forastero, surnommé le « robusta du cacao » en raison de son manque de finesse (il représente malgré tout 85 % de la production mondiale !) et le délicat trinitario, savoureux hybride des deux premiers.

Récoltés entre décembre et juillet, les fruits du cacaoyer livrent des fèves qui sont mises à fermenter quelques jours afin de développer leurs arômes. Les fèves sont ensuite exposées à une source de chaleur jusqu'à ce qu'elles brunissent et se concentrent en beurre de cacao. Elles sont alors triées, calibrées et stockées pour être envoyées chez les fabricants de chocolat. Là, elles sont d'abord torréfiées, comme le café, puis concassées afin de séparer le corps de la fève de sa coque. Le « grué » ainsi obtenu est finement broyé pour en faire une pâte liquide : la « liqueur » de cacao. Composée de beurre de cacao et de matières sèches, cette « liqueur » est mélangée avec du sucre (et du lait pour le chocolat au lait), puis « conchée », autrement dit brassée des heures, voire des jours durant, dans de grandes cuves.

Plus le conchage est long, plus le chocolat est onctueux, fondant, aromatique. Et donc savoureux. Ce qui fait dire aux grands amateurs de chocolat que l'important n'est pas forcément la teneur en cacao, mais que tout tient à la qualité du conchage… et bien sûr à l'origine des fèves.

Machine à broyer
Machine à mélanger.
Machine à torréfier
CACAO
product

Fondant au chocolat

Ile-de-France

Tout le secret de ce gâteau réside dans sa teneur en beurre et sa cuisson qui doit être lente et modérée. On peut l'accompagner d'une crème anglaise, d'une boule de glace à la vanille ou de cerneaux de noix.

Préparation : 12 minutes
Cuisson : 25 minutes

Pour 4 personnes

- ✓ 300 g de chocolat noir « spécial dessert »
- ✓ 250 g de beurre
- ✓ 3 cuillères à soupe de lait
- ✓ 4 œufs
- ✓ 200 g de sucre

- Faire fondre le chocolat et le beurre dans un peu de lait.
- Battre les œufs avec le sucre. Ajouter le chocolat fondu.
- Bien mélanger.
- Verser l'appareil dans un plat beurré allant au four et mettre à cuire au four à 150 °C pendant 25 minutes environ. Il faut que le fondant soit cuit dessus, cuit dessous et que « ça glougloute à l'intérieur », selon l'expression utilisée par le pâtissier qui nous a transmis cette recette.

MON CONSEIL

Le gâteau qui fait l'unanimité. Utiliser un chocolat riche en cacao (minimum 75 %).

Gâteau au chocolat de Nancy

Terre d'origine de nombreuses spécialités gourmandes (le baba au rhum, les macarons, les bonbons à la bergamote…), Nancy a également vu naître l'ancêtre du moelleux au chocolat. Riche et fondant, le gâteau au chocolat de Nancy n'en est pas moins léger (grâce aux blancs en neige) et délicat de goût.

Préparation : 15 minutes
Cuisson : 25 minutes

Pour 4 personnes

- ✓ **125 g de beurre en pommade**
- ✓ **150 g de chocolat**
- ✓ **125 g de sucre**
- ✓ **4 œufs**
- ✓ **1 cuillère à soupe de farine**
- ✓ **100 g d'amandes en poudre**
- ✓ **1 cuillère à café d'extrait de vanille naturelle**
- ✓ **1 pincée de sel**
- ✓ **Sucre glace**

- Amollir le chocolat en le chauffant sur feu doux avec une cuillère à soupe d'eau.
- Séparer le blanc des jaunes d'œufs.
- Travailler le beurre en pommade et le chocolat. Ajouter les jaunes un à un, puis le sucre, les amandes et la farine.
- Préchauffer le four à 210°C.
- Quand le mélange est bien homogène, ajouter les blancs battus en neige ferme.
- Verser la préparation dans un moule généreusement beurré.
- Enfourner et baisser aussitôt le thermostat à 180°C.
- Laisser cuire 25 minutes (une pointe de couteau doit ressortir à peine humide).

Servir le gateau froid accompagné d'un coulis de fruits rouges et de quelques feuilles de menthe ciselées.

Le gâteau moelleux au chocolat

Toutes régions

Tellement moelleux, sous une croûte craquante, qu'il s'apparente davantage à une confiserie qu'à un simple gâteau…

Préparation : 20 minutes
Cuisson : 40 minutes

Pour 8 personnes

- ✓ 200 g de chocolat noir
- ✓ 2 pincées de sel
- ✓ 125 g de beurre
- ✓ 200 g de sucre en poudre
- ✓ 3 cuillères à café de Maïzena
- ✓ 4 œufs

- Faire fondre le chocolat au bain-marie avec 2 à 3 cuillères à soupe d'eau. Lorsqu'il est fondu, ajouter une petite pincée de sel, le beurre en morceaux et mélanger à la cuillère en bois jusqu'à obtenir un mélange lisse.
- Ajouter le sucre, puis la Maïzena. Réserver et préchauffer le four à 200 °C.
- Séparer les jaunes d'œufs des blancs et monter ces derniers en neige, avec une pincée de sel.
- Incorporer les jaunes à la préparation chocolatée, puis, délicatement, les blancs en neige.
- Verser le mélange dans un moule à manqué généreusement beurré et laisser cuire 45 minutes au four. Vérifier la cuisson et laisser refroidir avant de le déguster.

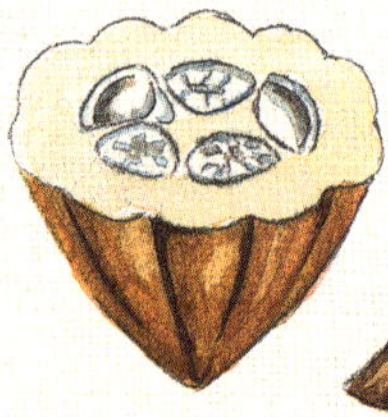

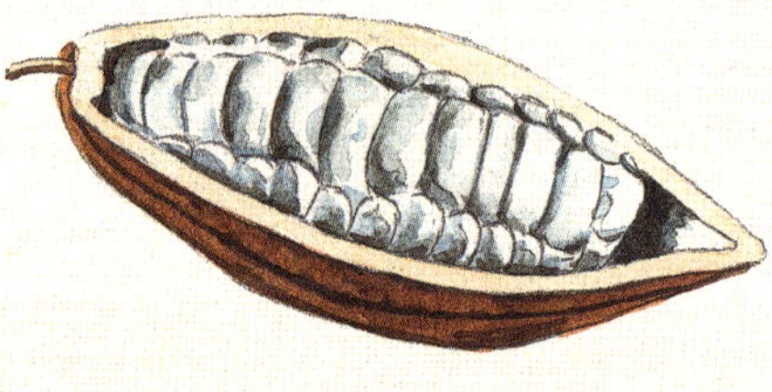

Le gâteau marbré

Toutes régions

Préparation : 30 minutes
Cuisson : 50 minutes

Pour 8 personnes

- ✓ 250 g de farine
- ✓ 200 g de sucre en poudre
- ✓ 1 grosse pincée de sel
- ✓ 1 sachet de levure chimique
- ✓ 200 g de beurre
- ✓ 4 œufs
- ✓ 6 cuillères à soupe de lait
- ✓ 1 sachet de sucre vanillé
- ✓ 70 g de chocolat noir

- Préchauffer le four à 140 °C.
- Dans un saladier, mélanger la farine, le sucre, le sel et la levure.
- Faire un puits et y verser le beurre fondu, les jaunes d'œufs (réserver les blancs) et 3 cuillères à soupe de lait. Mélanger le tout à la cuillère en bois.
- Incorporer les blancs, battus en neige.
- Mettre la moitié de cette pâte dans un autre saladier et lui incorporer le sucre vanillé.
- Beurrer un grand moule à cake (2 litres) et y verser cette première moitié.
- Faire fondre le chocolat au bain-marie avec 3 cuillères à soupe de lait.
- Le mélanger au reste de la pâte et verser cette seconde moitié dans le moule, sur la première.
- Remuer légèrement le tout à la cuillère en bois (sans toucher le moule), avec des mouvements en spirale.
- Enfourner et laisser cuire 50 minutes (vérifier la cuisson).

Gâteau au chocolat et piment d'Espelette

L'alliance subtile du chocolat et du piment d'Espelette, inspirée de la cuisine basque, est ici mise en valeur par l'arôme prononcé de la mandarine. Veillez à ne pas trop cuire ce délicieux gâteau afin qu'il reste bien moelleux.

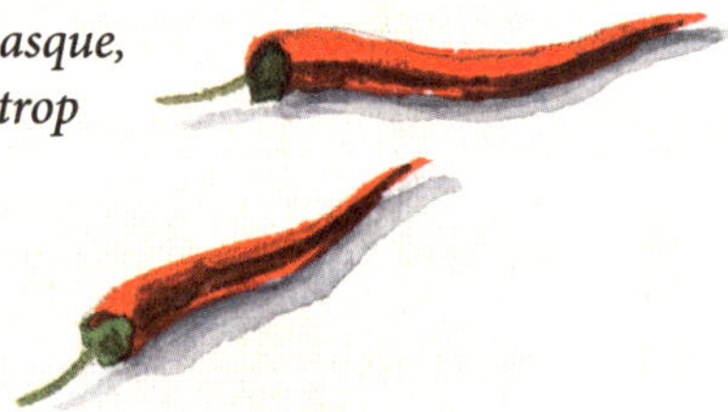

Préparation : 30 minutes
Cuisson : 45 minutes

Pour 8 personnes

- ✓ 300 g de chocolat noir (le meilleur que vous puissiez trouver)
- ✓ 300 g de beurre
- ✓ 250 g de sucre roux ou blanc
- ✓ 7 œufs
- ✓ 1 mandarine
- ✓ 1 pincée de piment d'Espelette en poudre
- ✓ 1/2 cuillère à café de poudre de cannelle
- ✓ 1 cuillère à soupe d'armagnac

- Préchauffer le four à 180 °C.
- Casser le chocolat en petits carrés, émietter le beurre, mettre le tout dans une casserole.
- Faire fondre à feu très doux sans cesser de mélanger jusqu'à obtenir une pâte homogène.
- Casser les œufs et séparer les blancs des jaunes. Réserver.
- Mixer les jaunes avec le sucre jusqu'à ce que la pâte blanchisse et devienne mousseuse.
- Ajouter la préparation obtenue au chocolat et au beurre fondu. Mélanger jusqu'à obtenir une pâte homogène et lisse. Ajouter le jus de la mandarine et le zeste, bien mélanger.
- Monter les blancs en neige jusqu'à ce qu'ils soient très fermes et compacts. Les ajouter au reste de la préparation par petits paquets sans cesser de remuer.
- Aromatiser avec le piment d'Espelette, la cannelle, et l'armagnac.
- Enfourner pour 45 minutes. Pour tester la cuisson, enfoncer la pointe d'un couteau, elle doit ressortir légèrement humide.

Torta pasta reale*

La Casinca est une région baignée de soleil, accrochée sur les flancs des montagnes qui dominent l'embouchure du Golu, au sud de l'agglomération bastiaise, et dont les extraordinaires fleurons, aux noms dignes d'un livret d'opéra, sont Penta, Loretu, Venzulasca Sorbu, Porri, Viscuvatu et u Castellà. Toutes les femmes de ces villages connaissent la recette de cette tarte réservée aux grandes occasions et que les enfants adorent.

Préparation : 30 minutes
Cuisson : 45 minutes

Pour 6 personnes

Le gâteau
- ✓ 240 g de farine
- ✓ 20 g de Maïzena
- ✓ 300 g de sucre en poudre
- ✓ 10 œufs
- ✓ 1 zeste de citron râpé
- ✓ 1/2 verre d'eau-de-vie de châtaigne
- ✓ 1/2 paquet de levure
- ✓ 2 tablettes de chocolat noir

La décoration
- ✓ 1 blanc d'œuf
- ✓ 2 cuillères à soupe de sucre glace
- ✓ Quelques feuilles d'oranger
- ✓ Perles de sucre argentées

- Séparer le blanc des jaunes d'œufs.
- Mettre dans une jatte les jaunes d'œufs et le sucre.
- Battre pendant 20 minutes jusqu'à ce que le mélange blanchisse.
- Ajouter la farine, la Maïzena tamisées, la levure, le zeste de citron et le 1/2 verre d'eau-de-vie.
- Préchauffer le four à 175 °C.
- Battre les blancs d'œufs en neige et les incorporer à la préparation.
- Mélanger délicatement en soulevant la pâte.
- Verser le tout dans un moule à bords hauts, beurré et chemisé avec du papier sulfurisé.
- Mettre au four à 175 °C, laisser cuire 45 minutes et laisser refroidir.
- Glacer le gâteau avec le chocolat fondu et laisser refroidir à nouveau.
- Mélanger le blanc d'œuf avec le sucre glace jusqu'à obtenir une pâte bien consistante (une petite cuillère doit pouvoir presque tenir debout au centre du mélange).
- Remplir un cornet avec un embout fin et décorer le gâteau d'arabesques. Un ajout de perles de sucre argentées sera du plus bel effet.
- Terminer la décoration en entourant la tarte avec des feuilles d'oranger.

* *voir lexique en fin d'ouvrage*

Le saucisson des Ardennes

Aussi appelé boudin au chocolat. Ou quand la pâtisserie se plaît à plagier la cuisine traditionnelle… Original et savoureux, il enchantera les petits comme les plus grands.

Préparation : 40 minutes
Repos : 1 heure + 4 heures

Pour 8 personnes

- ✓ 4 jaunes d'œufs
- ✓ 150 g de sucre
- ✓ 1 paquet (150 g) de biscuits secs, genre « Petits Brun »
- ✓ 150 g de chocolat noir
- ✓ 1 pincée de sel
- ✓ 150 g de beurre
- ✓ Sucre glace

- Dans un grand saladier, battre les jaunes d'œufs avec le sucre jusqu'à ce que le mélange blanchisse.
- Ajouter les biscuits réduits en petits morceaux (mais pas en miettes !) et mélanger à la cuillère en bois. Réserver.
- Faire fondre le chocolat au bain-marie avec 2 à 3 cuillères à soupe d'eau. Lorsqu'il est fondu, ajouter une petite pincée de sel, le beurre en morceaux et remuer à la cuillère en bois jusqu'à obtenir un mélange bien lisse.
- Incorporer le chocolat à la préparation œufs/biscuits du début et laisser reposer le mélange une bonne heure au réfrigérateur.
- Lorsque la pâte est devenue plus ferme, la modeler grossièrement en forme de saucisson, puis la rouler dans le sucre glace pour achever la ressemblance.
- La laisser durcir au réfrigérateur, protégée d'un torchon, pendant au moins 4 heures avant de la découper en tranches.

Accompagné d'une glace à la vanille, par exemple, ce « saucisson » fera merveille…

FARINE

Le succès au chocolat

Toutes régions

Préparation : 50 minutes
Repos : 2 heures au frais
Cuisson : 30 minutes

Le succès de ce succès dépend beaucoup de la qualité des ingrédients que l'on utilisera pour cette version simplifiée d'un grand classique pâtissier. Car, ici, tout est dans la ganache. Aussi faut-il choisir un excellent chocolat et une très bonne crème fraîche.

Pour 8 personnes

- ✓ 150 g de chocolat noir
- ✓ 15 cl de crème fraîche liquide
- ✓ 6 blancs d'œufs
- ✓ 1 pincée de sel
- ✓ 180 g de sucre en poudre
- ✓ 180 g d'amandes en poudre

- Préchauffer le four à 200 °C.
- Préparer une ganache en faisant fondre, à feu doux, le chocolat dans la crème fraîche jusqu'à obtention d'un mélange lisse et onctueux. Réserver.
- Monter les blancs en neige, bien fermes, avec une pincée de sel.
- Incorporer progressivement et délicatement le sucre et les amandes aux blancs.
- Sur une plaque de cuisson rectangulaire (25 x 30 cm) beurrée, étaler cette préparation et la laisser cuire au four pendant 30 minutes.
- Démouler le biscuit lorsqu'il est froid (au bout d'une quinzaine de minutes) et le partager en 2 parties égales.
- Répartir la ganache sur l'une puis la recouvrir de l'autre.
- Laisser reposer le gâteau 2 heures au réfrigérateur, le temps que la ganache durcisse.
- Égaliser les bords au couteau avant de le servir.

Kouign Aman*

Chez Monsieur Scordia, on est à la peine. C'est disette, plus un seul gâteau à vendre. « Désolé madame, nous n'avons plus rien ! » Mais Monsieur Scordia a plus d'un « tour de cuiller en bois ». Pâte à pain, beurre (beaucoup), sucre (beaucoup également), la fée des pâtissiers qui lui tient la main… Et voilà que, par magie, il nous invente le Kouign Aman (gâteau au beurre dans le texte). La scène se passe en 1865, et depuis lors, des générations de Douarneneziens se sont régalées de sa création. Et des générations de « gens d'ailleurs » également.*

Préparation : 45 minutes
Repos : 45 minutes
+ 20 minutes
Cuisson : 35 à 40 minutes

Pour 6 personnes

- ✓ 450 g de farine de froment
- ✓ 300 g de sucre semoule
- ✓ 300 g de beurre frais
- ✓ 20 g de levure de boulanger
- ✓ 1 pincée de sel

- Délayer la levure dans un petit bol avec 3 cuillères à soupe d'eau tiède.
- Dans une grande terrine, mélanger la farine, le sel et la levure.
- Pétrir avec un peu d'eau.
- Bien travailler cette pâte et la laisser lever dans un endroit tiède durant 45 minutes au moins.

* *voir lexique en fin d'ouvrage*

- Travailler le beurre à la cuiller en bois pour l'amollir.
- Étaler la pâte sur le plan de travail sur 1 cm d'épaisseur.
- La tartiner avec le beurre jusqu'à 2 cm des bords, saupoudrer avec le sucre.
- Replier la pâte en 3 dans un sens, puis encore en 3 dans l'autre sens.
- Aplatir au rouleau à pâtisserie.
- Recommencer le pliage dans un sens puis dans l'autre et déposer la pâte dans un moule à manqué.
- Aplatir pour donner à la pâte la forme du moule.
- Laisser reposer 20 minutes.
- Préchauffer le four à 240 °C.
- Enfourner le gâteau et cuire environ 35 minutes (le dessus doit être bien doré).
- En cours de cuisson, le beurre s'écoule et remonte dans le plat. En arroser le dessus du Kouign Aman* à 2 ou 3 reprises.
- À la sortie du four, laisser reposer le gâteau 15 minutes avant de le démouler. Délayer la levure dans un petit bol avec 3 cuillerées à soupe d'eau tiède.

* *voir lexique en fin d'ouvrage*

Voici un dessert riche et gourmand venu de la Bretagne... Vous pouvez remplacer le beurre doux par du beurre salé.

La petite histoire de la galette des rois

La galette des rois est une tradition typiquement française née au XIVe siècle. Dégustée au moment de l'Épiphanie, elle commémore la manifestation de Jésus-Christ aux trois rois mages venus l'adorer. Dans le nord de la France, sa forme ronde et plate symbolise aussi le retour du soleil après les longues nuits d'hiver. Dans le sud, la galette est une sorte de brioche ronde qui évoque la couronne des rois. Quant à la coutume de la fève, elle provient de l'époque romaine, où durant les Saturnales (début janvier), l'on élisait un « roi de la fête » à l'aide d'une fève (graine de la plante éponyme).

La galette des rois

Cette version septentrionale de la galette, traditionnellement composée d'une pâte feuilletée fourrée de crème d'amande, se partage à l'occasion de l'Épiphanie, le 6 janvier, mais plus souvent, par facilité, le premier dimanche de janvier. N'oubliez pas d'y glisser une fève !

Préparation : 10 minutes
Cuisson : 50 minutes

Pour 8 personnes

- ✓ 200 g de poudre d'amandes
- ✓ 100 g de sucre en poudre
- ✓ 1 sachet de sucre vanillé
- ✓ 80 g de beurre fondu
- ✓ 2 œufs
- ✓ 1 cuillère à soupe de rhum
- ✓ 2 abaisses de pâte feuilletée
- ✓ 1 œuf pour dorer la pâte
- ✓ 1 fève

- Préchauffer le four à 180 °C.
- Mélanger les amandes en poudre avec les deux sucres.
- Ajouter le beurre à peine fondu, puis les œufs, toujours en mélangeant, et enfin le rhum. Réserver.
- Beurrer un grand moule à tarte et y déposer un premier disque de pâte feuilletée. Humidifier à l'eau et au pinceau le bord de la pâte.
- Remplir avec la crème d'amandes.
- Recouvrir avec le second disque de pâte et humidifier le bord.
- Joindre les bords des 2 pâtes en les roulant ensemble.
- Dorer la galette avec l'œuf battu et décorer le dessus d'un quadrillage effectué au couteau.
- Il ne reste plus qu'à faire cuire la galette 45 à 50 minutes au four. Le dessus doit être doré.

Le pithiviers

Malgré leur ressemblance, ce gâteau, originaire du Loiret, ne doit pas être confondu avec la galette des rois. La façon de procéder diffère par la préparation de la crème et le temps de pause au frais.

Préparation : 30 minutes
Repos : 1 h 15
Cuisson : 30 minutes

Pour 6 personnes

✓ 500 g de pâte feuilletée
✓ 1 jaune d'œuf
✓ sucre glace

La crème d'amandes

✓ 200 g de poudre d'amandes
✓ 125 g de sucre
✓ 100 g de beurre ramolli
✓ 2 jaunes d'œufs
✓ 1 cuillère à café de rhum (ou de kirsch*)

** voir lexique en fin d'ouvrage*

- Partager la pâte en 2 parts égales. Abaisser chaque part en 1 disque d'une épaisseur de 5 mm. Réserver au frais sur une plaque à pâtisserie humide.
- Préparer la crème en mélangeant bien la poudre d'amandes avec le sucre, ajouter le beurre en pommade puis les jaunes d'œufs un à un sans cesser de remuer.
- Quand elle est blanche, ajouter le rhum (ou le kirsch*).
- La mettre 1 heure au réfrigérateur puis l'étaler sur un des disques de pâte feuilletée en laissant une bande d'environ 3 cm tout autour.
- Humecter cette bande avec de l'eau et poser le second disque sur la crème en appuyant sur les bords pour les souder.
- Mettre au réfrigérateur 15 minutes et préchauffer le four à 220 °C.
- Sortir le gâteau et inciser les bords avec la pointe d'un couteau. Dessiner des arcs de cercle du centre jusqu'à l'extrémité des festons. Badigeonner au jaune d'œuf avec un pinceau.
- Faire cuire 10 minutes à 200 °C puis 20 minutes à 180 °C.
- Saupoudrer le pithiviers de sucre glace avant de le passer sous le gril le temps de glacer la surface.
- Laisser tiédir avant de servir.

Galette au sucre de Pérouges

Sucre en morceaux, sucre en poudre, sucre cristallisé… ode au sucre donc, et qui sera plutôt d'un tempérament salé passera son chemin ! C'est le chemin de ce petit village médiéval qu'est Pérouges, au nord-est de Lyon, invitation à la flânerie dans un décor de capes et d'épées.

Préparation : 20 minutes
Repos : 30 minutes
Cuisson : 18 minutes

Pour 6 personnes

- ✓ 350 g de farine
- ✓ 2 œufs
- ✓ 60 g de beurre
- ✓ 1 morceau de sucre
- ✓ 35 g de sucre en poudre
- ✓ 1 citron
- ✓ 15 g de levure de boulanger
- ✓ 1 pincée de sel

Pour la finition de la galette

- ✓ 60 g de beurre
- ✓ 50 g de sucre cristallisé

- Faire ramollir le beurre, frotter un morceau de sucre contre le zeste de citron.
- Former une fontaine avec la farine et verser au milieu la levure (écrasée dans une cuillère à soupe d'eau tiède), du sel, du sucre et le zeste de citron.
- Casser un à un les œufs et travailler la pâte.
- Incorporer le beurre ramolli en petits morceaux.
- Quand la pâte est prête, la laisser reposer 30 minutes dans un plat.
- La retravailler pour avoir une pâte homogène.
- Former un disque et le disposer sur un plat allant au four.
- Badigeonner le dessus de la galette avec le beurre de finition et saupoudrer de sucre cristallisé.
- Couper les restes de beurre en petits morceaux et en parsemer la galette.
- Cuire pendant 18 minutes à 210 °C.

Pour la finition de la galette, vous pouvez remplacer le beurre par de la crème fraîche.

Galette ardennaise

Dans les Ardennes, cette fameuse galette est appelée « la galette à suc' »... La recette, qui se transmet en douceur au fil des générations, connaît peu de variantes, excepté, aujourd'hui, le trait de fleur d'oranger ou de vanille. À apprécier sans se soucier… des calories !

Préparation : 45 minutes
Repos : environ 2 heures
Cuisson : 20 minutes

Pour 8 personnes

- ✓ 1/2 cube de levure de boulanger (20 gr)
- ✓ 10 cl de lait
- ✓ 125 g de sucre semoule
- ✓ 150 g de beurre
- ✓ 300 g de farine
- ✓ 3 œufs
- ✓ 50 g de cassonade
- ✓ 1 pincée de sel

- Émietter le demi-cube de levure dans un récipient, ajouter le lait et le sucre. Bien mélanger et laisser gonfler au moins 30 minutes.
- Faire fondre la moitié du beurre à feu très doux.
- Dans un saladier, réaliser une fontaine avec la farine, y ajouter la pincée de sel, les œufs et la levure délayée. Mélanger.
- Ajouter le beurre fondu. Bien travailler la pâte, pour obtenir la consistance idéale : un peu collante et très souple.
- Beurrer et fariner une tourtière en fer-blanc de 30 cm de diamètre. Y étaler la pâte à la main, en une couche épaisse. Laisser reposer. La pâte doit gonfler jusqu'à doubler de volume et atteindre les bords supérieurs de la tourtière.
- Faire 5 ou 6 tout petits puits pour y déposer des noisettes de beurre.
- Saupoudrer de cassonade et cuire à 210 °C durant 15 à 20 minutes. La pâte doit être dorée.
- Servir tiède.

Koekbrood* (pain-gâteau)

Le koekbrood est de toutes les fêtes : après la moisson, à la cueillette du houblon, le dimanche matin avec beurre, jambon et bouillon froid, à Noël avec un chocolat bien chaud... Il n'y aura jamais assez d'occasions pour s'en offrir quelques tranches.*

Préparation : 15 minutes
Repos : 2 heures
Cuisson : 40 minutes

Pour 8 à 10 personnes

- ✓ 500 g de farine
- ✓ 4 œufs
- ✓ 200 g de beurre fondu
- ✓ 1 poignée de raisins secs
- ✓ 1 bol de tisane de tilleul
- ✓ 2 cuillères à soupe de sucre en poudre
- ✓ 1 carré de levure de boulanger (42 gr)
- ✓ 1 verre de lait

- Faire tremper les raisins dans la tisane chaude pendant une dizaine de minutes.
- Séparer les jaunes et les blancs d'œufs.
- Battre les blancs en neige.
- Délayer la levure dans le lait tiède avec le sucre.
- Mettre la farine dans un plat creux, creuser une fontaine et incorporer les jaunes d'œuf.
- Mélanger.
- Ajouter le beurre fondu et la levure sucrée mêlée au lait tiède.
- Égoutter les raisins et les ajouter à la pâte.
- Mettre dans un moule
- Laisser monter la pâte dans un endroit chaud, environ 2 heures.
- Cuire au four (180-210 °C) pendant 40 minutes.

* *voir lexique en fin d'ouvrage*

Cake tendre

aux marrons confits

Préparation : 15 minutes
Cuisson : 30 minutes environ
Prise : 1 mn 30

Pour 4 personnes

- ✓ 125 g de farine
- ✓ 75 g de beurre amolli
- ✓ 65 g de sucre
- ✓ 2 petits œufs
- ✓ 1/2 cuillère à café de levure chimique
- ✓ 2 cuillères à soupe de rhum
- ✓ 8 tranches d'orange pelée à vif
- ✓ 4 cuillères à soupe de crème de marron
- ✓ 4 cuillères à soupe de brisures de marrons glacés

- Mélanger la farine tamisée et la levure. Réserver.
- Dans une terrine, travailler à la spatule le sucre, les œufs, le beurre et le rhum jusqu'à obtenir une pâte lisse. Ajouter la farine. Mélanger soigneusement.
- Verser la préparation dans un moule à cake et mettre au four (175 °C) pendant 30 minutes environ. Sortir du four et laisser refroidir.
- Couper le cake en tranches de 2 cm.
- Poser une tranche de cake sur une assiette de service. Déposer dessus 2 tranches d'orange et 1 cuillère à soupe de crème de marron. Parsemer de brisures de marrons.
- Mettre chaque assiette dans le panier-vapeur pendant 1 mn 30. Servir tiède.

Cake breton
au beurre demi-sel

Jadis, on salait le beurre pour qu'il se conserve plus longtemps. Le tout jeune Breton est très tôt habitué à ce goût particulier. Aussi ne faut-il pas lui servir un beurre doux, il le trouverait vite insipide. Reconnaissons qu'un beurre salé avec des fruits de mer tient du divin, mais l'alliance de celui-ci à la saveur sucrée des pâtisseries est également bienvenue.

Préparation : 10 minutes
Cuisson : 50 minutes

Pour 6 personnes

- ✓ 200 g de farine de froment
- ✓ 50 g de farine de sarrasin
- ✓ 120 g de sucre
- ✓ 3 œufs
- ✓ 250 g de beurre demi-sel (beurre de baratte si possible)
- ✓ 1/2 sachet de levure

- Dans un saladier, bien mélanger au fouet à main le beurre amolli, le sucre et les œufs un par un.
- Verser ensuite les deux farines bien mêlées.
- Au dernier moment, ajouter la levure à cette pâte, mélanger.
- Verser dans un moule à cake beurré et fariné.
- Cuire au four (180 °C) pendant 50 minutes environ.

On peut ajouter à la pâte des petits morceaux d'angélique ou d'écorce de citron confite. Ce cake sera très apprécié au petit déjeuner ou à l'heure du thé.

Le cake
aux fruits confits

Il en va du cake comme de beaucoup d'autres desserts : chacun a sa recette… Originaire de la« perfide Albion », ce gâteau est indissociable du célèbre « five o'clock », où l'on sert le thé et son cortège de pâtisseries mises au point tout exprès.

Préparation : 20 minutes
Cuisson : de 45 minutes à 1 heure

Pour 8 personnes

- ✓ **500 g de macédoine de fruits confits**
- ✓ **6 cuillères à soupe de rhum**
- ✓ **150 g de beurre**
- ✓ **100 g de sucre en poudre**
- ✓ **1 pincée de sel**
- ✓ **3 œufs**
- ✓ **250 g de farine**
- ✓ **1/2 paquet de levure**
- ✓ **1 grosse cuillère à soupe de miel liquide**

- Préchauffer le four à 140 °C.
- Mettre les fruits confits dans un saladier, puis les arroser généreusement de rhum. Les laisser macérer après les avoir mélangés, le temps de préparer la pâte.
- Faire ramollir le beurre et le fouetter avec le sucre en poudre et le sel. Ajouter un à un les œufs entiers, toujours en fouettant.
- Ajouter ensuite la farine et la levure, puis travailler énergiquement ce mélange jusqu'à obtention d'une pâte homogène qui fasse le ruban. Ajouter et mélanger le miel.
- Verser dans la pâte les fruits confits (avec le rhum) et mélanger à nouveau.
- Beurrer le moule et le remplir avec la préparation.
- Mettre au four, entre 45 minutes et 1 heure (vérifier la cuisson de temps en temps).
- Laisser refroidir et démouler ensuite.

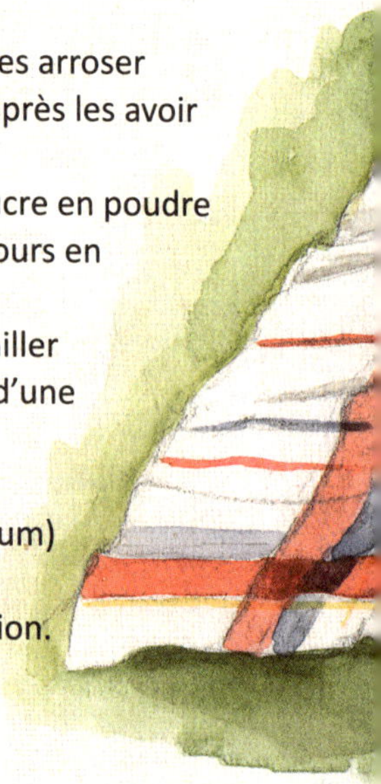

Le millassou* périgourdin

Voici le cake du Périgord, gâteau très ancien dont le goût est inégalable si l'on utilise de la graisse d'oie (certes). Sans aller jusqu'au beurre allégé, utiliser des ingrédients connus et reconnus permet de confectionner un millassou tout à fait délicieux pour le goûter des petits… voire des plus grands.*

Préparation : **15 minutes**
Trempage : **30 minutes**
Cuisson : **45 minutes**

Pour 8 personnes

- ✓ 75 g de farine de maïs
- ✓ 75 g de farine de froment
- ✓ 100 g de raisins secs
- ✓ 3 œufs
- ✓ 3 cuillères à soupe de sucre en poudre
- ✓ 1 petit verre d'eau-de-vie ou alcool de fruits
- ✓ 100 g de beurre ou de graisse fine
- ✓ 1 verre de lait tiède
- ✓ 1 cuillère à café de levure
- ✓ 1 sachet de sucre vanillé
- ✓ 1 pincée de sel

* *voir lexique en fin d'ouvrage*

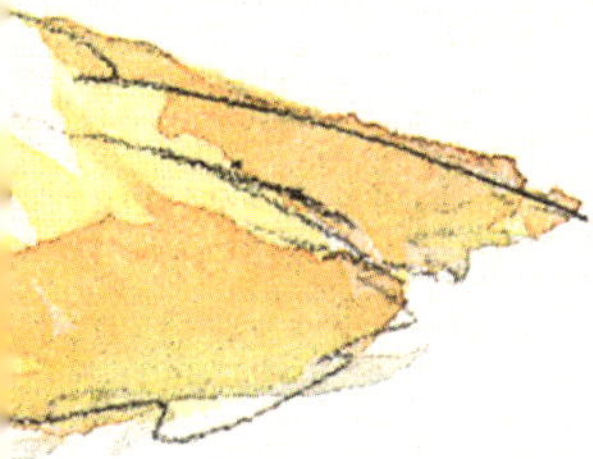

- Faire tremper les raisins dans l'alcool durant 30 minutes.
- Mélanger dans un grand saladier les deux sortes de farine, faire un puits au milieu.
- Verser le lait tiède, le sel et le beurre fondu, bien mélanger.
- Battre à part 3 jaunes d'œufs avec le sucre en poudre et incorporer à la première préparation.
- Ajouter les raisins et l'alcool.
- Monter les blancs en neige, les mélanger délicatement à la pâte.
- Ajouter la levure.
- Cuire 45 minutes à 180 °C. Piquer une aiguille au centre du gâteau pour vérifier la cuisson.
- Renverser le millassou* sur un plat et le saupoudrer, encore chaud, de sucre vanillé.

Pain d'épice

La légende rapporte que le pain d'épice aurait été ramené à Dijon de Flandre par le duc Philippe le Bon. Mais il ne s'agit alors que d'une pâtisserie à base de miel et de farine de millet. Il faut attendre le début du XVIIIe siècle pour que le pain d'épice trouve ses lettres de noblesse dans la capitale ducale.

Préparation : 10 minutes
Cuisson : 45 minutes

Pour 4 personnes

- ✓ 20 cl de lait
- ✓ 125 g de miel
- ✓ 1 sachet de levure
- ✓ 250 g de farine
- ✓ 125 g de sucre en poudre
- ✓ 1 cuillère à café d'anis vert
- ✓ 1 cuillère à café de muscade râpée
- ✓ 1 cuillère à café de cannelle en poudre
- ✓ 1 cuillère à café de gingembre en poudre
- ✓ 1 cuillère à café de quatre-épices
- ✓ 1 cuillère à café d'eau de fleur d'oranger
- ✓ 1 pincée de sel

- Préchauffer le four à 150 °C.
- Beurrer un moule à cake ou le garnir de papier sulfurisé.
- Porter le lait à ébullition. Y ajouter le miel et la levure.
- Dans un saladier, disposer la farine en fontaine : en son centre, verser le sucre, le lait, une pincée de sel, les épices et l'eau de fleur d'oranger. Bien mélanger jusqu'à obtenir une pâte homogène.
- Remplir le moule à mi-hauteur. Mettre au four environ 45 minutes.
- Démouler chaud.

Le pain d'épice très apprécié des enfants est aussi appelé gâteau des sportifs, car il est le seul gâteau à ne pas contenir de lipides, mais uniquement des glucides, donc excellent pour l'équilibre alimentaire. À déguster accompagné de fruits rouges ou d'une glace à la vanille.

Stolle*

La stolle est d'origine prussienne. Fermement enrubannée dans de l'aluminium, elle se conserve plusieurs jours. Plusieurs jours ? Pas sûr… Du bout de l'index, on s'applique à picorer les morceaux de sucre et de noisettes restés dans l'assiette. Ça colle un peu, ça craque sous la dent… La stolle* s'imbibe du café et du thé dans lesquels on la trempe, une fois, deux fois…*

Préparation : 15 minutes
Repos : 4 heures
Cuisson : 25 minutes à 1 heure

Pour 6 personnes

- ✓ 1 kg de farine
- ✓ 200 g de sucre
- ✓ 400 g de raisins secs
- ✓ 400 g de noisettes décortiquées
- ✓ 4 œufs
- ✓ 2 cuillères à soupe d'huile
- ✓ 1/4 de litre de lait tiède
- ✓ 200 g de sucre glace
- ✓ Le jus d'un citron
- ✓ 30 g de levure de boulanger
- ✓ 1 pincée de sel

- Faire une fontaine au milieu de la farine : y verser la levure puis le lait tiède.
- Pétrir le mélange et faire une boule. Recouvrir d'un torchon et laisser reposer 1 heure.
- Passé ce temps, ajouter les autres ingrédients (sauf le sucre glace et le jus du citron) et pétrir le tout.
- Former 1 grosse stolle* ou 3 petites : elle doit être allongée et légèrement bombée, comme un grand pain long.
- Recouvrer d'un torchon et laisser gonfler dans un endroit tempéré, pendant 3 heures.
- Ensuite enfourner la stolle* dans un four de 25 minutes à 1 heure (tout dépend de sa taille).
- Enfoncer la pointe d'un couteau : si elle ressort sèche, c'est que la stolle* est cuite.
- Laisser refroidir.
- Fouetter ensemble le sucre glace et le jus de citron.
- Recouvrir l'ensemble de la stolle* avec le nappage obtenu.

** voir lexique en fin d'ouvrage*

Les gâteaux alsaciens

En Alsace, l'année est rythmée par la consommation d'une très grande variété de gâteaux dont beaucoup correspondent à une fête calendaire. Beignets de carnaval, flanc de Pâques, agneau pascal en biscuit, Mannala et Schnekekeuche confectionnés pour la Saint-Nicolas, petits gâteaux de Noël..., longue est la liste des pâtisseries qui ont fait la réputation gourmande de la région. Nous en présentons quelques fleurons dans cet ouvrage : le strudel, le stolle, le kouglof et le mendiant*.*

Si le strudel nous vient d'Autriche, le stolle (ou « stollen ») est un gâteau d'origine prussienne qui remonte au XVe siècle. Créée dans la région de Dresde, cette sorte de pain fourré aux noisettes, aux fruits confits ou à la pâte d'amandes est devenue en Alsace un mets particulièrement apprécié à Noël. Ce n'est qu'un juste retour des choses, car à l'origine, sa forme si caractéristique est censée représenter l'enfant Jésus emmailloté...*

Quant au kouglof, appelé aussi « kougelhopf » ou « gougelhof », il fut d'abord introduit en France par la reine Marie-Antoinette d'Autriche. Depuis cette époque, cette brioche aux raisins, moulée en couronne, a été définitivement adoptée par les Alsaciens qui le savourent le dimanche matin en famille au petit-déjeuner.

Le mendiant (« Bettelmann » en alsacien) est un cousin du pudding qui se faisait autrefois avec des petits pains rassis ou des restes de kouglof. Il est traditionnellement préparé le jour de la fête patronale des paroisses placées sous la protection de saint Jean-Baptiste.*

** voir lexique en fin d'ouvrage*

Kouglof

S'il y a une chose qui est sûre, c'est qu'on ne peut pas faire cuire le kouglof dans n'importe quel moule ! Celui que l'on avait coutume d'appeler « boule levée » ou « capuchon de moine » s'identifie à son contenant. Pas question d'utiliser un moule à manqué ou un moule à charlotte ; sans cela, le kouglof ne serait plus un kouglof !

Préparation : 40 minutes
Repos : 1 h 30
Cuisson : 1 heure

Pour 6 à 8 personnes

- ✓ 500 g de farine
- ✓ 3 œufs
- ✓ 120 g de sucre semoule
- ✓ 250 g de beurre
- ✓ 20 g de levure de boulanger
- ✓ 20 cl de lait tiède
- ✓ 100 g de raisins secs
- ✓ 2 cuillères à soupe de kirsch *
- ✓ 50 g d'amandes
- ✓ Sucre glace
- ✓ 1 grosse pincée de sel

* *voir lexique en fin d'ouvrage*

- Faire tremper les raisins dans le kirsch* pendant 30 minutes.
- Préparer le levain : dans un bol, verser la levure dans la moitié du lait et ajouter 50 g de farine petit à petit. La pâte obtenue doit être assez consistante.
- Laisser lever jusqu'à ce que la pâte double de volume.
- Verser le reste de farine dans un grand récipient. Faire un puits : ajouter le sel, le sucre semoule et le reste de lait tiède. Mélanger.
- Ajouter les œufs et le beurre ramolli petit à petit. Mélanger bien.
- Incorporer le levain en dernier. Bien mélanger. La pâte doit être souple et se détacher facilement des bords.
- Ajouter les raisins égouttés, mélanger.
- Couvrir le récipient avec un torchon et laisser reposer dans un endroit tiède pendant 1 h 30.
- Préchauffer le four à 180 °C.
- Beurrer un moule à kouglof.
- Déposer une amande dans chaque cannelure du moule.
- Pétrir à nouveau la pâte pendant quelques minutes.
- La verser dans le moule.
- Enfourner et laisser cuire le kouglof dans un four à 180 °C pendant 1 heure environ.
- Si la pâte venait à dorer trop vite, recouvrir le gâteau d'une feuille d'aluminium.
- Le laisser refroidir avant de le démouler et de le saupoudrer de sucre glace.

Mendiant* (Bettelmann)

Le Bettelmann est économique – à défaut de pains au lait, ce gâteau peut se confectionner avec du pain rassis –, varié – les cerises peuvent être remplacées par des pommes coupées en rondelles – et goûteux – le kirsch, la cannelle, les amandes et la vanille créent une harmonie de saveurs étonnante.*
Variez les quantités en utilisant un plat en terre et plusieurs petits ramequins.

Préparation : 40 minutes
Cuisson : 1 h 15

Pour 10 à 12 personnes

- ✓ 6 petits pains au lait
- ✓ 8 œufs
- ✓ 120 g de beurre
- ✓ 110 g de sucre
- ✓ 120 g d'amandes en poudre
- ✓ 50 cl de lait
- ✓ 1 cuillère à café d'extrait de vanille
- ✓ 1 pincée de cannelle
- ✓ 50 g de raisins secs
- ✓ 3 cuillères à soupe de kirsch*
- ✓ 800 g de cerises entières

- Mettre les raisins à tremper dans le kirsch*.
- Faire tiédir le lait. Ajouter la vanille. Mélanger.
- Déposer les petits pains dans un récipient. Verser le lait dessus et les écraser à la fourchette.
- Séparer les blancs des jaunes d'œufs. Les réserver dans deux grands bols.
- Travailler 110 g de beurre pour le rendre le plus mou possible.
- Ajouter les jaunes d'œufs, le sucre, la poudre d'amandes, les raisins trempés, le kirsch*, les petits pains écrasés et le reste de lait. Fouetter le tout.
- Verser les cerises.
- Saupoudrer d'une pointe de cannelle.
- Battre les blancs en neige. Les incorporer délicatement au mélange.
- Verser dans un moule généreusement beurré.
- Enfourner et laisser cuire à 150 °C pendant 1 h 15.

* *voir lexique en fin d'ouvrage*

Campanile*

Le campanile, c'est le gâteau de la merendella : le traditionnel pique-nique du lundi de Pâques. Auparavant, tous les enfants des villages corses se rassemblaient pour l'occasion avec cette couronne de brioche, qui s'enfile sur un bras et dans l'autre main, une bonne bouteille… de grenadine.*

Préparation : 40 minutes
Repos : 5 h 10
Cuisson : 40 minutes
*pour un campanile**

*Pour 2 campaniles**

- ✓ 500 g de farine
- ✓ 200 g de sucre
- ✓ 5 œufs
- ✓ 1 sachet de levure de boulanger
- ✓ 1 zeste de citron râpé
- ✓ 1/4 de verre d'eau-de-vie de myrthe
- ✓ 1/4 de fromage frais du jour
- ✓ 1/2 verre de lait
- ✓ 75 g de beurre
- ✓ 1 jaune d'œuf battu dans une cuillère de crème fraîche

- Préparer le levain en délayant le sachet de levure avec un peu d'eau tiède et mélanger le tout avec 50 g de farine ; réserver.
- Dans un grand saladier, verser le reste de farine et faire un puits, puis incorporer le zeste de citron, 3 œufs, l'eau-de-vie et le quart de fromage frais, le sucre ainsi que le levain.
- Verser le lait pour faire une pâte souple et pétrir pendant 10 minutes.
- Ajouter le beurre et pétrir encore 10 minutes.
- Si la pâte est collante, ajouter de la farine en cours de pétrissage.
- Former une grosse boule avec la pâte, la recouvrir d'un linge et la laisser reposer pendant 4 heures pour la faire lever.
- Pétrir encore pendant 10 minutes.
- Séparer la boule en 2 et former 2 couronnes en laissant un trou central.
- Déposer ces couronnes sur 2 plaques de four préalablement huilées.
- Laisser reposer 1 heure en recouvrant d'un linge.
- Faire préchauffer le four à 170 °C.
- Avant d'enfourner, enfoncer à demi un œuf cru dans la pâte de chaque couronne et laisser reposer encore pendant 10 minutes.
- Badigeonner la couronne avec un pinceau trempé dans le jaune d'œuf battu dans une cuillère de crème fraîche.
- Faire cuire 40 minutes à 170 °C.

* *voir lexique en fin d'ouvrage*

Fougasse au sucre

La fougasse au sucre, proche de la pompe à l'huile, fait partie des treize desserts de Noël. Certains y ajoutent de l'orange confite, des pignons, des amandes, des dragées… les variantes sont très nombreuses. Selon la tradition, ce pain léger et sucré doit être rompu à la main, et non au couteau, au risque d'être ruiné dans l'année…

Préparation : 15 minutes
Repos : 1 h 15
Cuisson : 20 minutes

Pour 4 à 5 personnes

- ✓ **1 sachet de levure de boulanger express**
- ✓ **250 g de farine**
- ✓ **70 g de sucre en poudre**
- ✓ **2 œufs**
- ✓ **3 cuillères à soupe d'huile d'olive**
- ✓ **2 cuillères à soupe d'eau de fleur d'oranger**
- ✓ **Sel**

- Faire un levain avec 5 cl d'eau tiède et la levure additionnée d'une cuillère à soupe de farine prélevée sur la quantité totale. Laisser reposer 15 minutes.
- Dans une terrine, mélanger la farine avec 1/2 cuillère à café de sel, le sucre, les œufs, puis l'huile d'olive et la fleur d'oranger. Ajouter ensuite le levain.
- Former une boule compacte, en ajoutant si besoin un peu de farine ou d'eau, et laisser reposer sous un torchon pendant 1 heure dans un endroit tiède.
- Faire préchauffer le four à 190 °C.
- Pétrir de nouveau la pâte quelques instants pour en chasser l'air et l'abaisser au rouleau sur un plan fariné. Lui donner une forme ovale sur une épaisseur de 2 cm environ.
- Déposer la fougasse sur une plaque huilée, et, à l'aide d'un couteau, pratiquer quelques entailles dans la pâte, 7 selon la tradition, en forme d'épi, en écartant bien les bords pour éviter qu'ils ne se referment à la cuisson.
- Enfourner une vingtaine de minutes au maximum.
- Dès la sortie du four, saupoudrer de sucre fin.

Brioche à la tomme de Saint-Nectaire

De toutes les fêtes dans le massif du Mont-Dore, cette brioche exige une tomme très ferme, bien pressée. D'une forme couronnée, « dans le temps », on la cuit aujourd'hui dans un grand moule à cake. Elle garde quand même le goût particulier et rare de la tomme de Saint-Nectaire.

Préparation : 15 minutes
Cuisson : 50 à 60 minutes

Pour 6 personnes

- ✓ 500 g de tomme de Saint-Nectaire
- ✓ 6 gros œufs
- ✓ 150 g de sucre semoule
- ✓ 50 g de sucre vanillé
- ✓ 300 g de farine
- ✓ 1/2 paquet de levure

- Émietter grossièrement la tomme entre les doigts dans un grand saladier.
- Ajouter les œufs et les sucres.
- Bien mélanger à la cuillère en bois.
- Verser alors la farine (si la pâte semble trop liquide, en rajouter de 50 à 75 g).
- Mélanger pour avoir une préparation homogène.
- Parsemer de levure en poudre et remuer encore la pâte.
- Verser dans un grand moule à cake (ou un moule à biscuit aux bords hauts) préalablement beurré.
- Cuire à four moyen (180 °C) pendant 40 minutes.
- Baisser un peu le four, laisser encore de 10 à 20 minutes pour cuire l'intérieur du gâteau. Pour s'assurer que la brioche est assez cuite, planter au milieu un couteau pointu, la lame doit ressortir sèche.
- Le déguster après complet refroidissement. À consommer dans les trois jours. Le gâteau un peu rassis n'en sera que meilleur.

Brioche vendéenne

Si la brioche vendéenne est commercialisée aujourd'hui toute l'année, la tradition voulait qu'elle ne se fasse qu'à l'occasion des fêtes de Pâques pour marquer la fin du carême, mais aussi pour ne pas perdre les œufs non utilisés durant le jeûne. Elle est reconnaissable à sa forme de tresse.

Préparation : 30 minutes
Repos : 5 heures
Cuisson : 35 minutes

Pour 6 personnes

- ✓ 1 kg de farine tamisée
- ✓ 2 cuillères à café de sel fin
- ✓ 4 œufs entiers + 1 jaune
- ✓ 300 g de sucre
- ✓ 200 g de beurre
- ✓ 4 cuillères à café de crème fraîche épaisse
- ✓ 50 g de levure de boulanger
- ✓ 15 cl de lait
- ✓ 2 cuillères à soupe de rhum brun
- ✓ 2 cuillères à soupe d'eau de fleur d'oranger

- Délayer la levure dans un bol avec le lait tiédi et laisser lever au chaud 10 minutes.
- Dans une terrine, mettre la farine en fontaine. Ajouter tous les ingrédients sauf le jaune d'œuf.
- Mélanger et verser 30 cl d'eau tiède progressivement.
- Battre légèrement puis pétrir jusqu'à ce que la pâte ne colle plus aux doigts.
- Faire une boule, la saupoudrer de farine puis la déposer dans un plat creux.
- Couvrir d'un linge et laisser lever 3 heures dans un endroit chaud.
- Graisser et fariner une plaque à pâtisserie.
- Diviser la pâte en trois pains longs puis former une tresse. La déposer sur la plaque.
- Laisser lever 2 heures de plus.
- Dorer la surface au jaune d'œuf avec un pinceau.
- Cuire au four à 180 °C pendant 35 minutes.

MON CONSEIL

Excellente en accompagnement d'une salade de fruits ou de bonbons de chocolat, très appréciée au petit-déjeuner également. La terminer en pain perdu éventuellement.

Le rigodon*

Statue de Cadet Roussel à Auxerre.

Le rigodon, dans la tradition culinaire bourguignonne, est réalisé avec un reste de pâte, chez le boulanger ou à la maison… Mais, aujourd'hui, la brioche a remplacé le pain.*

Préparation : 25 minutes
Cuisson : 45 minutes

Pour 4 personnes

- ✓ 50 cl de lait
- ✓ 1 gousse de vanille
- ✓ 120 g de sucre en poudre
- ✓ 200 g de brioche
- ✓ 2 cuillères à soupe de crème de riz
- ✓ 1,5 cuillère à café de cannelle
- ✓ 6 œufs
- ✓ 1 dizaine de noix
- ✓ 1 douzaine de noisettes
- ✓ 1 pot de marmelade de poires
- ✓ Un peu de beurre
- ✓ Une pincée de sel

- Dans un premier temps, faire chauffer le lait avec la vanille, la cannelle, le sel et le sucre. Laisser refroidir.
- Briser la brioche en petits morceaux dans un saladier, verser dessus le lait (en réserver quelques cuillères à soupe) et laisser imbiber.
- Dans un bol, mélanger la crème de riz, le reste de lait chaud, les œufs préalablement battus. Battre un peu pour obtenir un mélange bien homogène.
- Retirer la gousse de vanille.
- Ajouter ce mélange à la brioche, ainsi que les noix en cerneaux et les noisettes sommairement concassées. Mélanger le tout.
- Préchauffer le four à 150 °C.
- Verser le mélange dans un plat à four et disposer dessus quelques noisettes de beurre.
- Mettre au four 45 minutes. Vérifier alors la cuisson avec la lame d'un couteau.
- Sortir du four, laisser tiédir et démouler. Napper enfin de la marmelade de poires sur la surface du gâteau.

** voir lexique en fin d'ouvrage*

La falue*

Appelée aussi « gâche », cette galette briochée plate et longue se prépare traditionnellement dans le Vexin et le Coutançais. Son nom vient du mot normand « falle » qui désigne l'estomac : c'est dire si elle tient au corps…

Préparation : 30 minutes
Repos : 1 heure
Cuisson : 30 minutes

Pour 6 personnes

- ✓ 750 g de farine
- ✓ 125 g de sucre
- ✓ 125 g de beurre
- ✓ 15 cl de crème épaisse
- ✓ 4 œufs
- ✓ 1 dl d'eau
- ✓ 1 pincée de sel
- ✓ 10 g de levure de boulanger

- Faire fondre dans l'eau le sucre et le sel.
- Verser la farine dans un saladier et faire une fontaine.
- Mettre au centre la levure délayée dans un peu d'eau.
- Par ailleurs, mélanger les jaunes d'œufs avec la crème, le sucre fondu et le beurre bien ramolli.
- Verser sur la levure, bien mélanger avec la farine.
- Monter les blancs en neige ferme et les rajouter à la préparation.
- Mettre la pâte dans une terrine farinée et laisser lever 1 heure.
- Mettre le four à préchauffer à 180°C.
- Fariner le plan de travail, verser la pâte en faisant 4 parts égales.
- Rouler chaque morceau en forme de galette longue d'environ 2 cm d'épaisseur.
- Cuire 30 minutes à four chaud (180-210 °C).

* *voir lexique en fin d'ouvrage*

Lexique

Campanile :
gâteau corse en forme de cloche ou de couronne, orné d'œufs, que l'on confectionne traditionnellement à Pâques.

Falue :
sorte de brioche plate à base de crème et de beurre que l'on prépare dans le Vexin et le Coutançais.

Kouign Aman :
gâteau originaire de Douarnenez (Bretagne), fabriqué à partir d'une pâte à pain recouverte de beurre et de sucre et pliée à la manière d'un feuilletage.

Kirsch :
eau-de-vie obtenue par la double distillation de jus fermenté de cerise aigre et de merise.

Koekbrood (littéralement «pain-gâteau») :
gâteau flamand à pâte levée, garni de raisins secs gonflés dans une tisane de tilleul.

Mendiant (Bettelmann) :
sorte de pudding alsacien agrémenté de cerises, amande, kircsh et cannelle.

Millas, millassou :
gâteau traditionnel à base de farine de maïs (parfois de millet) très répandu dans le sud-ouest de la France.

Rigodon :
gâteau bourguignon proche du pudding, garni de noix et de noisettes.

Stolle :
gâteau alsacien en forme de pain fourré de noisettes, de fruits confits et de pâte d'amandes.

Torta Pasta reale :
tarte corse à base de génoise et recouverte d'un glaçage au chocolat.

Équivalences

1 kg (kilogramme) =
- 1 000 g (grammes)

1 l (litre) =
- 1 000 ml (millilitres)
- 10 dl (décilitres)
- 100 cl (centilitres)

1 cuillère à café =
- 5 g de sel, de sucre ou de beurre
- 4 g de farine, d'huile ou de semoule
- 3 g de poivre moulu, de cacao, de fécule ou de maïzena

1 cuillère à soupe =
- 3 cuillères à café
- 15 ml (ou 15 cl)
- 12 g de farine, de fécule ou de maïzena
- 15 g de sel, de sucre semoule, de beurre ou de crème fraîche
- 18 g de riz
- 20 g de sucre cristallisé ou de gros sel

Thermostats		
four très doux	1	30 °C
	2	60 °C
four doux	3	90 °C
	4	120 °C
	5	150 °C
four moyen	6	180 °C
four chaud	7	210 °C
	8	240 °C
four très chaud	9	270 °C
	10	300 °C

Index régional

Table des matières

Direction du projet : David Kings (Glénat), Nicolas Waintraub (Lagardère Active)
Direction éditoriale de la collection originale : Isabelle Fortis (Glénat)
Responsables du projet : Laurence Mina et Gwenaëlle Braud assistées de Sophie Laporte (Lagardère Active)
Responsable éditorial du projet : Estelle Matha (Glénat)
Adaptation et rédaction : Marianne Boilève
Conception graphique : Editions Glénat et Glénat Production
Mise en page et photogravure: Glénat Production

L'éditeur tient à remercier très chaleureusement Monsieur Paul Bocuse pour ses précieux conseils.

Remerciements :
Télé 7 Jours : Bruno Lesouëf, directeur de la publication ; Claire Leost, éditeur ; Thierry Moreau, directeur de la rédaction ; Claude Bosle, rédacteur en chef ; Promotion : Ludivine Marchand, Muriel Durif , Claire Fimes ; Abonnements : Armelle Colin, Karine William, Elodie Lemperière ; Ventes : Philippe Demay ; Marketing : Marie-Noëlle Leboeuf ; Contrôle de gestion : Laurent Guichard ; Service juridique : Sandrine Moreira ; Fabrication : Stéphane Potreau, Christiane Bragagia

Ont collaboré à cet ouvrage :
Recettes : Véronique Abrard, Marianne Boilève, Évelyne Boudou, Josette Boudou, Dom Compare, Luce Émeriaud, Julien Frizot, Christian Garraud, Marina Lombardi, Marie-José Luciani, Jacques Messiant, Pénélope Puymirat.
Illustrations : Philippe Audoy, Adeline Bech, Jean-Marc Boudou, Roger Flament, Marie-Paule Roc, Kristel Riethmuller, Nadine Sanchez.

Illustration de couverture : Jean-Marc Boudou

Édité par HFA – 92534 Levallois-Perret Cedex

Réalisée spécialement pour Télé 7 Jours, cette édition est adaptée en accord avec les Éditions Glénat à partir de la collection « Carnets d'ici » publiée par les Éditions Glénat. La marque Glénat est reproduite avec l'autorisation des Éditions Glénat.

Imprimé en France par Pollina - L58005
Z.I. de Chasnais – 85407 Luçon
Le papier utilisé pour la réalisation de ce livre provient de forêts gérées de manière durable.
Achevé d'imprimer : août 2011
Dépôt légal : août 2011
ISBN : 978-2-3571-0153-1
EAN : 9782357101531

Tourtes, quiches et feuilletés croustillants * Les
succulents hachis * Spécialités de pâtes, risotto
délicieuses Tatin * Les meilleures recettes du bouc
galettes et beignets * Potages et veloutés à l'ancie
gras, terrines et pâtés * Savoureuses pommes de
Succulents rôtis * Nos repas de fêtes traditionne
Jacques et fruits de mer * Savoureux mijotés et po
recettes du poissonnier * Les meilleures recettes du
* Omelettes, soufflés et oeufs pochés * Recettes
et champignons * Les meilleures recettes de gibier
et entrées * Légumes d'autrefois * Consommés